헌종과 철종 때는 순조 때와
마찬가지로 매우 혼란한 시기였어요.
안으로는 안동 김씨가 권력을 잡고
나라를 흔들었으며, 밖으로는 서양 열강이
힘을 앞세워 쳐들어왔지요.
이처럼 어지러운 때에 백성들의 마음을
사로잡은 것은 동학이었어요.

추천 감수 박현숙(고대사)

고려대학교 사범대학 역사교육과를 졸업하고 동 대학원에서 문학박사 학위를 받았습니다. 현재 고려대학교 사범대학 역사교육과 교수로 재직 중이며, 백제 문화와 고대 인물사 등에 대한 활발한 연구를 계속하고 있습니다. 쓴 책으로 〈백제의 중앙과 지방〉, 〈한국사의 재조명〉 등이 있습니다.

추천 감수 정구복(고려사·조선사)

서울대학교 사범대학 역사교육과를 졸업하고 서강대학교에서 문학박사 학위를 받았습니다. 한국중앙연구원 한국학대학원의 교수로 재직 중이며, 한국학중앙연구원 한국학대학원 원장을 역임하였습니다. 쓴 책으로 〈한국인의 역사 의식〉, 〈역주 삼국사기〉, 〈한국 중세 사학사 1, 2〉 등이 있습니다.

추천 감수 김한종(근현대사)

서울대학교 사범대학 역사교육과를 졸업하고 동 대학원에서 역사교육을 전공하여 문학박사 학위를 받았습니다. 현재 한국교원대학교 교수로 재직 중입니다. 쓴 책으로 〈역사 교육 과정과 교과서 연구〉, 〈역사 교육의 내용과 방법〉(공저), 〈한·중·일 3국의 근대사 인식과 역사 교육〉(공저), 〈역사 교육과 역사 인식〉(공저) 등이 있습니다.

고증 문중양(과학사)

서울대학교 계산통계학과를 졸업하고 동 대학원에서 이학박사 학위를 받았습니다. 쓴 책으로 〈우리 역사 과학 기행〉, 〈우리의 과학문화재〉(공저), 〈세종의 국가 경영〉(공저) 등이 있습니다.

고증 정연식(생활사 및 복식)

서울대학교 국사학과를 졸업하고 동 대학원에서 문학박사 학위를 받았습니다. 쓴 책으로 〈조선 시대 사람들은 어떻게 살았을까?〉(공저), 〈일상으로 본 조선 시대 이야기 1, 2〉 등이 있습니다.

글 박영규

1996년 밀리언셀러 〈한권으로 읽는 조선왕조실록〉을 출간한 이후 〈한권으로 읽는 고려왕조실록〉, 〈한권으로 읽는 백제왕조실록〉, 〈한권으로 읽는 신라왕조실록〉 등 '한권으로 읽는 역사 시리즈'를 펴내면서 쉽고 재미있는 역사책 읽기의 바람을 일으켰습니다. 그 외에도 〈교양으로 읽는 한국사〉 등의 많은 역사책을 썼습니다.

그림 심상정

홍익대학교 미술대학과 동 대학원에서 동양화를 공부했습니다. 15회의 개인전을 열고, 대한민국여성미술대전 대상, 안견미술대전 특선, 대한민국미술대전 특선, 대한민국회화대전 특선을 수상했습니다. 현재 우석대학교에서 학생들을 가르치고 있으며, 그린 책으로 〈나의 꿈, 하늘까지〉, 〈명퇴 시리즈〉, 〈세계 경제를 주무르는 큰손 객가〉 등이 있습니다.

이미지 제공

연합포토, 중앙포토, 국립중앙박물관, 국립부여박물관, 국립경주박물관, 국립민속박물관, 유연태(사진작가), 허용선(사진작가)

광개토 대왕 이야기 한국사 57 조선

강화 도령이 왕이 되다

총기획 및 발행인 박연환
발행처 (주)한국헤르만헤세
출판등록 제17-354호
연구개발원 경기도 성남시 분당구 금곡동 444-148
대표전화 (031)715-7722
팩스 (031)786-1100
본사 서울시 송파구 석촌동 7-3
대표전화 (02)470-7722
팩스 (02)470-8338
고객문의 080-715-7722
편집 임미옥, 백영민, 윤현주, 지수진, 최영란
디자인 장월영, 주문배, 김덕춘, 김지은

ⓒ Korea Hermannhesse

이 책의 표지는 일반 용지보다 1.5배 이상 고가의 고급 용지인 드라이보드지를 사용해 제작하였습니다. 표지를 드라이보드지로 제작하면 습기의 영향을 덜 받기 때문에 본문 용지가 잘 울지 않고, 모양이 뒤틀리지 않아 책을 오랫동안 보존할 수 있습니다.

이 책은 기존의 석유 잉크 대신 친환경 식물성 원료인 대두유 잉크를 사용하여 인쇄하였습니다. 대두유 잉크는 선진국에서 널리 사용하고 있는 고가의 대체 잉크로, 휘발성이 적어 인쇄 상태의 보존이 용이하고, 인체에 무해할 뿐만 아니라 눈에 부담을 주지 않는 자연스러운 색을 내는 특징이 있습니다.

강화 도령이
왕이 되다

감수 **정구복** | 글 **박영규** | 그림 **심상정**

한국헤르만헤세

세도 정치에 희생된 헌종

계속되는 세도 정치

순조가 죽은 뒤, 8세의 세손이 왕위에 올랐어요.

그가 바로 조선 역사상 가장 어린 나이에 왕이 된 헌종이에요.

"나이가 그토록 어리니 어찌 나랏일을 보시겠습니까?

어쩔 수 없이 제가 나서야겠군요."

순조의 비인 순원 왕후가 수렴청정을 하겠다며 나섰어요.

순원 왕후가 안동 김씨 사람이었으니

조정은 당연히 안동 김씨의 입김에 따라 움직였어요.

순원 왕후는 천주교 금지령을 내렸어요.

"천주쟁이들 때문에 나라가 어지러우니 모두 잡아들이세요."

조선에 와 있던 프랑스 신부들과 수많은

천주교 신자들이 죽임을 당했어요.

1839년 기해년에 일어났기 때문에 '기해박해' 라고 하지요.

기해박해 이후 순원 왕후의 수렴청정이 끝나고

비로소 헌종이 나라를 다스리기 시작했어요.

하지만 이때도 헌종의 나이는 겨우 14세였어요.

"아무래도 신정 왕후가 나랏일을 돌봐야겠습니다."

그런데 헌종의 어머니 신정 왕후는 풍양 조씨
사람이었어요.
결국 권력이 안동 김씨 집안에서
풍양 조씨 집안으로 넘어갔어요.
이들 두 집안은 권력 다툼을 하느라
나랏일을 제대로 돌보지 않았어요.
그 바람에 백성들의 생활은
더욱 어려워졌지요.

흠, 어떻게든
빼앗긴 권력을
되찾아야 한다.

아버지,
배가 너무
고파요.

두 집안의 권력 다툼으로 나라가 혼란한 틈을 타

두 차례의 반란이 일어났어요.

"뭐라고? 남응중이 은언군의 손자를 왕으로 세우려 했다고?"

1836년, 남응중의 반란 계획은 금세 드러나 실패하고 말았어요.

1844년에는 민진용이 이원덕, 반순수, 박시응 등을

끌어들인 뒤 반란을 일으켰어요.

이들은 하급 군인들과 군대까지 끌어들일 계획이었어요.

하지만 이 사건도 미리 드러나 실패로 끝났어요.

남은중, 민진용은 몰락한 양반과 중인이었어요.

"어이구, 힘없는 사람들까지 반란을 일으킬 정도구먼."

"왕실에 힘이 남아 있긴 한 거래?"

백성들이 이렇게 수군거릴 만큼 왕권은 약해져 있었어요.

이 무렵, 나라 밖에서는 큰 변화가 일어나고 있었어요.

영국, 프랑스 등이 중국 땅을 노리고 있었고,

미국 군함은 일본에 수교를 맺자고 위협하고 있었어요.

1848년, 마침내 서양 세력이 조선으로 밀려들었어요.

"아이고, 눈이 시퍼런 저 사람들은 뭐야?"

"서양 오랑캐들이래. 중국하고 일본도 꼼짝없이 당했다던데?"

"이러다가 우리 조선도 당하는 거 아니야?"

백성들은 불안에 떨었어요.

국제 정세가 이렇듯 무섭게 변하는데도 조정에서는

안동 심씨와 풍양 소씨 무리가 권력 다툼만 일삼고 있었어요.

이들의 권력 다툼 속에서 고통스러운 삶을 살던 헌종은

마음의 병을 얻어 1849년에 숨을 거두었어요.

신하가 고른 임금 철종

글을 모르는 왕

헌종에게는 왕위를 물려줄 아들이 없었어요.

"거참, 누구를 왕으로 모셔야 한단 말입니까?"

"6촌 이내의 왕족이 안 계시니, 먼 친척인 덕흥 대원군의

후손인 이하전은 어떠십니까?"

이 말에 순원 왕후의

얼굴이 밝아졌어요.

하지만 김수근은 안절부절못했어요.

이하전은 풍양 조씨 집안과 가까운 사람이니

그가 왕이 되면 안동 김씨 집안에

화가 미칠 거라고 생각한 거예요.

'가만! 전계군 이광의 셋째 아들이 강화도에

살고 있지 않은가? 그 사람을 모셔 오도록

추천해야겠다.'

강화도에 왕위에 앉힐 만한 인물이 있사옵니다.

10

왕위는 아들이나 동생, 조카 등 손아랫사람에게 물려주는 것인데….

이렇게 생각한 김수근은 순원 왕후를 찾아갔어요.

"강화 도령 이원범 말이오?

하지만 그는 헌종의 아저씨뻘 되는 사람이 아닙니까?

손윗사람에게 왕위를 물려주는 법은 없습니다."

"마마, 이원범을 양자로 삼으시면 됩니다. 그러면 헌종과

형제 관계가 되니, 왕위를 잇는 데 문제가 없습니다.

게다가 그는 글자도 모르니 왕이 되면

우리 마음대로 조정을 주무를 수 있을 것입니다."

한편 이원범은 이 무렵 강화도에서
농사를 지으며 살고 있었어요.
그런데 어느 날, 조정 대신들이
수많은 군사를 이끌고 집 앞에 나타났어요.
'아, 이제는 나까지 죽이러 왔구나!'
겁에 질린 이원범은 숨을 곳을 찾았어요.
"전계군 이광의 셋째 아들 이원범은
대왕대비의 명을 받드시오."
"제발 목숨만 살려 주십시오!"
이원범은 고개를 처박고 빌고 또 빌었어요.
"이원범을 덕완군으로 올리고 왕위를 잇도록 할 것이오.
그러니 궁궐로 들어오십시오."
이원범은 이렇게 해서 왕이 되었어요.
그가 바로 철종이에요.
철종의 아버지 이광은 은언군의 아들이에요.
그런데 1844년에 일어난 민진용 반역 사건에 엮여
가족이 모두 강화도에 귀양을 갔어요.
그래서 철종도 강화도에서 살았던 거예요.
철종은 말 그대로 허수아비 왕이었어요.

어느 날, 순원 왕후가 대신들을 불러 모았어요.
"폐하께서는 학문은커녕 글자도 전혀 모르십니다.
그래서 할 수 없이 내가 나랏일을 돌봐야겠어요.
다른 의견이 있으면 말씀하시지요."
그러자 모두 꿀 먹은 벙어리처럼
입을 다물었어요.

이젠 죽었다.

안동 김씨 일파가 조정의 모든 권력을 차지하고 있으니

어느 누구도 함부로 다른 의견을 말할 수 없었지요.

흐뭇한 미소를 짓던 김좌근이 입을 열었어요.

"마마, 이렇듯 모두가 마마의 수렴청정을 원하고 있으니

깊이 헤아려 주시옵소서. 또한 바라옵건대

하루빨리 왕비를 정하여 나라를 안정시켜야 하옵니다.

그러니 어서 간택령을 내리십시오."

간택령은 왕비를 뽑기 위해 전국에 내리는 명령이에요.

하지만 이 간택령은 형식에 지나지 않았어요.

안동 김씨 일파는 이미 김문근의 딸을 왕비로 정해 놓았거든요.

그러니까 왕비까지 안동 김씨 가문에서 정했던 거예요.

철종이 왕위에 오른 뒤에 강화 유수가 새로 지은 건물이래.

▲ 철종이 살았던 강화도의 용흥궁

철종은 늘 불안에 시달렸어요.

무슨 일을 해도 그때마다 안동 김씨 집안의 눈치부터 살펴야 했어요.

'안동 김씨 일파에게 미운털이 박히면 안 돼.

까딱 잘못하면 아버지나 형님처럼 사약을 받을 수도 있어.'

이러다 보니 안동 김씨의 세도 정치는 날로 심해졌어요.

이에 따라 부정부패가 심해졌고,

백성들이 겪는 고통도 점점 커져서

순조나 헌종 때보다도 더 살기가

힘들어졌어요.

특히 삼정이 크게 흔들렸지요.

삼정이란 토지에 대하여 세금을

거두어들이는 정책인 '전정'과

군인이 되는 등 병역에 관한 정책인

'군정', 그리고 나라에서 곡식을

백성들에게 꿔 주었다가

추수한 뒤에 거두어들이는

정책인 '환곡'을 가리키는

말이에요.

▲ 조선 제25대 왕 철종

그런데 고을 아전과 수령들이 나쁜 짓을 일삼았어요.
백성들이 가진 토지의 양을 제멋대로 부풀려
세금을 거둔 뒤, 더 거둔 것만큼 빼먹곤 했어요.
또 원래는 15세 이상의 남자들 중에서
군대에 가지 않는 사람에게만 세금을 물리는 것인데,
갓난아기나 죽은 사람에게까지 세금을 물렸어요.
이렇게 되자 백성들의 불만은 점점 높아져 갔고,
마침내 폭발하여 농민 봉기가 일어났어요.

더 이상 못살겠다.

16

"백성들이 난을 일으키는 것은 배가 고프기 때문이오.
또 백성들이 굶주리게 된 것은 삼정이 흔들린 탓이니,
삼정을 제대로 실시해 문제를 해결하시오!"
철종은 삼정을 바로잡기 위해 삼정이정청을 두었어요.
하지만 모든 것이 이미 썩을 대로 썩어 있어서
쉽게 바로잡을 수 없었어요.
절망에 빠진 철종은 그만 병을 얻고 말았어요.

백성을 위로한 동학

백성들의 생활은 말이 아니었어요.

모든 재산을 세금으로 빼앗겨 먹고살기조차 힘든데,

홍수와 전염병까지 돌았어요.

또 전국 곳곳에서 민란이 일어나는가 하면, 이상하게 생긴

서양의 천주교인들이 나라 안으로 들어오기도 했어요.

이러한 때에 백성들의 마음을 사로잡은 것이 동학이었어요.

"널리 백성을 이롭게 하는 정치라!

정말 좋은 생각이야. 그런데 왜 하필 이름이 동학인가?"

"서양인 천주교에 맞서 동방의 도를 일으킨다는 뜻이라네."

권력 다툼만 일삼는 왕실과 조정에 크게 실망한 백성들은

동학에 마음을 빼앗겼지요.

동학은 영호남을 중심으로 들불처럼 퍼지기 시작했어요.

"모든 사람은 한울님의 자손이어서 평등하대."

교주 최제우가 처음에 동학을 일으켰을 때는

어지러운 나라를 구하려는 생각이었어요.

하지만 교주가 최시형으로 바뀌면서 그 사상도 변했어요.

세상 모든 만물에 한울님이 있다고 보았지요.

제3대 교주 손병희는 '사람이 곧 한울'이라는

인내천 사상을 내세웠어요.

동학은 신분 제도를 부정하고,
사람은 모두 귀하다는
평등 사상을 백성들에게
심어 주었어요.
노비들이 신분 문서를 사서
일반 서민이 되고, 일반
서민들은 족보를 사서 양반이
되는 등 이미 신분 질서가
무너지기 시작했기 때문에
백성들은 동학에 푹 빠졌어요.
"서양에서는 백성들이
나라를 다스릴 사람을 뽑는다는군."
"그뿐인가, 서양은 양반과 상놈의
구별도 없다는군."
그동안 양반들의 차별로 설움을
받으면서 살아온 백성들은 청나라와
서양으로부터 밀려드는 새로운 사상이
반갑기만 했어요.
그러니 인간 평등과 인내천 사상을 내세운
동학에 빠지는 것은 당연한 일이었지요.

사람이 곧 하늘이다.

새로운 시대, 개벽의 시대를 엽시다!

1824년에 태어난 최제우는 의술, 복술 등 여러 학문을 익힌 뒤 이런 결론을 내렸어요. '하늘의 뜻을 어겨서 세상이 어지러운 것이다. 아, 어떻게 하면 하늘의 뜻을 알 수 있을까?' 그는 하늘의 뜻을 알기 위해 많은 노력을 했어요.

1856년, 천성산에 들어가 도를 닦은 최제우는
지금은 새로운 시대, 즉 개벽이 필요한 때라고 깨달았어요.
그래서 서양의 천주교에 맞서는 동학을 세웠어요.
동학교도가 늘어나자 나라에서는 동학을 금지시켰어요.
1864년에는 최제우를 붙잡아 나라를 어지럽혔다는 죄로
죽였어요. 그 후 동학은 조선 말기의 대표적인 종교로
　　　　자리 잡았어요.

새로운 시대가 열리면
모두 잘살게 됩니까?

나라를 지키고자 노력한 고종

흥선 대원군의 개혁

철종의 병이 깊어지고 있을 때, 신정 왕후 조씨는
흥선군 이하응을 몰래 만났어요.
"안동 김씨의 세도 정치에서 벗어나야 하지 않겠소?
흥선군도 안동 김씨 가문에 원한이
많으시지요?"
"제가 못나서 생긴 일인데요, 뭐."
대답은 그렇게 했지만, 흥선군의 머릿속엔
안동 김씨들에게 당한 지난날의 치욕이 머리를
스치고 지나갔어요.
이하응은 영조의 5대손으로 1820년에 태어났어요.
왕족이지만 제대로 된 벼슬을 받은 적이 없었어요.
바로 안동 김씨의
세도 때문이었지요.

왕족
저 꼴을

안동 김씨 세력은 자신들의 힘을 지키기 위해
왕족이 권력을 갖는 것을 몹시 꺼렸어요.
왕족 중 누군가가 능력이 뛰어나거나 높은 벼슬에 오르면
반역죄를 뒤집어씌워 귀양을 보내곤 했지요.
이하응은 어떻게든 살아남기 위해 일부러
기운 옷을 입고 건달들과 어울렸어요.
"왕족이란 자가 늘 건달들과 어울리며
술에 취해 살고 있으니 한심하군."

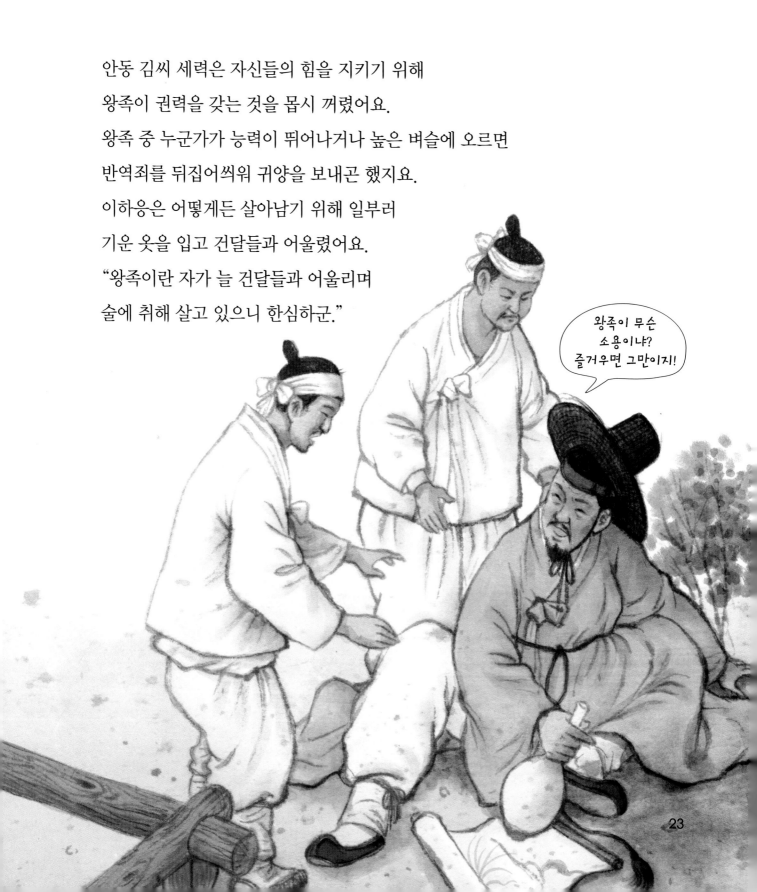

왕족이 무슨
소용이냐?
즐거우면 그만이지!

이하응은 심지어 김좌근의 집에 찾아가 자신의 그림을 주고
쌀을 구걸하기도 했어요.
안동 김씨들은 이런 이하응을 몹시 무시했어요.
이하응이 이런 기억들을 되새기며 조 대비에게 말했어요.
"마마, 소인의 아들을 드릴 테니 마마의 양자로 삼으십시오."
"음, 그러니까 그대의 아들로 대통을 이으라는 말이오?"

"그렇게만 해 주시면 무슨 짓이든지 하겠습니다."

"하긴, 그대도 나도 안동 김씨 가문에 갚을 빚이 많지요.

우리가 힘을 합치는 것도 나쁘지는 않겠어요."

조 대비는 이하응을 어수룩한 인물로 생각하고 있었어요.

'그렇게 되면 이하응이 대원군이 되는 것인데…….

하지만 동네 건달 같은 자가 뭘 어쩌겠는가.

일단 안동 김씨를 몰아내고 나서 버리면 될 일 아닌가?'

하지만 이하응은 나름대로 생각이 있었어요.

안동 김씨와 풍양 조씨 모두를 몰아낼 속셈이었지요.

'그래, 나를 실컷 우습게 봐라.

하지만 이제까지는 기회를 잡기 위한 연기였다.

내 아들이 왕위에 오르기만 하면 모두 싹 쓸어 주마.'

이하응이 이런 생각을 할 때 조 대비가 다시 말을 이었어요.

"지금 주상의 목숨이 위태로우니 머지않아 숨을 거둘 것이오.

그러면 그대의 아들을 택해 왕위를 잇게 하고,

내가 뒤에서 수렴청정을 하겠소."

"예, 마마. 그런데 마마께서 직접 안동 김씨를 상대하면

풍양 조씨가 다시 힘을 키우려고 할 것입니다.

그러니 안동 김씨를 몰아내는 일은 제게 맡겨 주십시오."

조 대비는 마다할 이유가 없었어요.

하지만 이하응이 나선 것은 조 대비를 위해서가 아니었어요.

'조 대비가 안동 김씨를 몰아내면 권력은 풍양 조씨에게 넘어간다.

내가 나서야만 두 세력을 모두 쳐 낼 수 있어.'

얼마 뒤, 병석에 누워 있던 철종이 숨을 거두었어요.

조 대비는 재빨리 조정 대신을 불러 모았어요.

"흥선군의 둘째 아들 명복을 익종의 양자로 삼을 것이오.

그리고 그에게 왕위를 잇게 할 것이니 즉위식을 준비하시오."

그러자 김좌근이 콧방귀를 뀌었어요.

'건달 아들을 데려다 뭘 어떻게 하겠다는 거지?

어림없다. 우리가 그렇게 쉽사리

권력을 내놓을 듯 싶으냐?'

이하응을 형편없는 사람이라고

여겼기 때문에 김좌근은

그의 아들이 왕위에 오른다고 해도

두려워하지 않았어요.

물론 겉으로는 왕의 아버지가 될

사람이니 예의를 지켰지만,

속으로는 완전히

이하응을 무시했지요.

흥선 대원군의 난초 그림은 인기가 대단했대.

▲ 흥선 대원군이 그린 난초도

안동 김씨들은 새 왕이 들어선 뒤에도 자신들이 세력을 잡을 것이라고
굳게 믿고 있었어요. 그만큼 안동 김씨 세력은 탄탄했어요.
마침내 조선 제26대 왕의 즉위식이 거행되었어요.
겨우 12세의 나이로 즉위한 왕이 바로 고종이에요.
고종은 남연군의 손자이자 흥선 대원군의 둘째 아들이에요.
남연군은 인조의 셋째 아들인 인평 대군의 6대손으로,
영조의 손자인 은신군의 양자가 되었어요.
흥선군은 남연군의 넷째 아들이었지요.
어린 고종이 왕위에 오르자, 예정대로 신정 왕후
조 대비가 수렴청정을 했어요.
조 대비는 원래의 계획대로 흥선 대원군
이하응에게 나랏일을 맡겼어요.
흥선 대원군은 차츰 숨기고 있던 본색을
드러내기 시작했어요.

"그간 우리 조정은 몇몇 가문에 의해
제멋대로 움직였소. 때문에 왕실은 날로
기울었고, 백성들은 고통에 허덕였소.
이제는 잘못된 질서를 바로 세울 것이오."
김좌근은 흠칫 놀랐어요.

▲ 고종 황제의 어진

'저럴 수가! 저자가 정말 이하응이란 말인가?
그렇다면 저자는 지금껏 목숨을 보전하기 위해 일부러
건달 노릇을 해 왔단 말인가?
만약 그것이 사실이라면 우리 안동 김씨 가문은 끝장이다.'
김좌근의 걱정은 현실로 드러났어요.
대원군은 과감한 개혁으로 나라의 기강을 바로 세우고
세도 정치를 없애는 일을 시작했어요.
"당파와 가문에 상관없이 인재를 뽑아 쓸 것이오.
또한 당쟁의 근거지인 서원을 없앨 것이오."
서원이란 유학자들의 제사를 지내고
학문을 가르치던 곳이에요.
당시 전국에 1,000여 개의 서원이 있었는데,
나라에서 돈을 대 주는 사액 서원만도
200여 곳에 달했어요.
서원의 수가 많고 규모도 커서 엄청난 나랏돈이
유지하는 비용으로 쓰였어요.
대원군은 사액 서원을 47군데로 줄이고,
나머지는 모두 문을 닫게 했어요.

탐관오리들은
모두 잡아들여
가두시오.

"탐관오리들을 모두 잡아들이시오."
대원군의 지시에 따라 백성들의 원성이 높은 탐관오리들이
줄줄이 붙잡혀 와서 벌을 받았어요.
또한 탐관오리 밑에서 나쁜 짓을 일삼던 아전들도
모두 감옥에 갇혔어요.

안동 김씨의 권세도
금세 끝장나겠군.

저자가 정말
이하응이란
말인가?

29

흥선 대원군의 지시는 여기에서 멈추지 않았어요.

"이제부터 국가에서 정한 세금 외에는 어떤 이름으로도
세금을 걷지 못한다. 이를 어기는 자는 모두 처형할 것이다!"

그야말로 서릿발 같은 개혁 조치였어요.

대원군의 이런 조치를 백성들은 모두 환영했지요.

반대로 나쁜 짓을 일삼던 관리들은 불안에 떨었어요.

대원군은 양반들의 사치를 없애기 위해서도 노력했어요.

"의복을 간단하고 소박하게 만들어라."

이에 양반들은 갓의 크기와 도포의 소매통을 줄여야 했어요.

대원군은 정치 제도도 개혁했어요.

"비변사를 없애고 의정부와 삼군부를 다시 살린다."

임진왜란 이후 비변사에서 군대와 정치를 함께
다루었는데, 이것을 다시 나누어 놓은 거예요.

흥선 대원군은 이처럼 민심을 수습하고 재정을
풍족히 하는 데 온 힘을 기울였어요.

동시에 경제와 행정을 개혁하여 세도 정치의
문제점들을 해결했답니다.

그리하여 흥선 대원군은 조정을 완전히
손안에 넣을 수 있었어요.

대원군은 양반들이
사치 부리는 것을
뿌리 뽑으려고 했어.

흥선 대원군의 쇄국 정책

흥선 대원군의 과감한 개혁은 큰 성공을 거두었지만,

몇 가지 무리한 정책으로 민심이 들끓기 시작했어요.

그중 하나가 경복궁을 다시 짓는 것이었어요.

이 일은 엄청난 돈이 드는 데다가 수많은 백성이 동원되어야 했거든요.

흥선 대원군은 비용을 마련하기 위해 강제 기부금인 원납전을 거두었고,

그래도 돈이 모자라자 당백전을 만들었어요.

"돈을 빼앗는 것은 안동 김씨나 대원군이나 다를 것이 없구먼."

"매일 망치질만 하라니 우리는 어떻게 먹고살라는 게야!"

"입에 풀칠이라도 해야 힘을 쓸 게 아니야!"

그런 불만 속에서도 경복궁은 거의 완성되어 가고 있었어요.

그런데 누군가가 경복궁에 불을 질렀어요.

대원군은 몹시 당황했어요.

'감히 누가 불을 질렀단 말이냐!

분명 내가 권력을 잡은 것에 앙심을

품은 자의 짓일 거야.'

조정 대신들도 공사를 멈추어야

한나고 말하기 시작했어요. 그러나

대원군은 고집을 꺾지 않았어요.

▲ 경복궁 중건을 위해 만든 당백전

"왕실의 권위를 높이는 일을 방해하려는 놈들 짓이오.

그놈들이 바라는 대로 해 줄 수는 없소."

결국 경복궁 공사는 다시 시작되었어요.

한편 대원군은 천주교 신자들을 괴롭히기 시작했어요.

"서양 종교 천주교가 퍼지면 조선의 전통이 무너질 것이고

곧이어 조선 왕조도 무너질 것이오.

그러니 천주교가 퍼지는 것을 철저히 막아야 할 것이오."

대원군은 전국에 천주교 박해령을 내렸어요.

그에 따라 무려 8,000여 명의 천주교 신자들이 목숨을 잃었어요.

이때 프랑스인 신부 9명도 목숨을 잃었지요.

프랑스는 이를 구실로 1866년에 강화도를 침략했어요.

이 사건을 병인양요라고 해요.

다행히 양헌수가 프랑스군을 물리쳤지만,

외세가 몰려드는 것을 한 번의 싸움으로 막을 수는 없었어요.

병인양요가 일어나기 두 달 전에는

미국의 제너럴 셔먼호가 대동강을 거슬러 올라와

평양에서 통상을 요구하였어요.

하지만 대원군은 그 요구를 받아들이지 않았어요.

"지금 저들의 요구를 받아들이면, 서양 오랑캐들이

모두 몰려와 통상을 요구할 것이다.

지금 우리에겐 저들을 이길 힘이 없으니,

문을 여는 것은 곧 나라가 망하는 길이다."

관리들이 물러갈 것을 요구하였지만 이들은

백성들의 집을 불태우고 관리들을 잡아 가두었어요.

이에 화가 난 평양 백성들은 제너럴 셔먼호를

불태워 버렸어요.

나중에 이 사실을 알게 된 미국 함대가 강화도에

침입하였어요. 이것을 신미양요라고 해요.

어재연이 이끈 조선군은 광성보에서 미군과 치열한

전투를 벌였고, 결국 미군은 물러가고 말았어요.

천주교도를
잡아들여라.

조선에 등장한 서학과 천주교

조선 후기, 서학에 처음 관심을 가진 것은 실학자들이에요. 서학은 '서양의 학문'을 일컫는 말이에요. 실학자들은 서양의 학문을 공부하는 과정에서 자연스럽게 천주교에도 관심을 가지게 되었어요. 서학과 천주교는 어떻게 조선에 뿌리를 내리게 되었을까요?

▲ 서학에 깊은 관심을 갖고 있던 실학자 박지원이 쓴 〈열하일기〉

🌸 조선의 실학자, 서학을 만나다

조선은 서양 나라들과 직접 관계를 맺지는 않았지만, 17세기 초부터 중국을 오가는 사신들이나 중국 상인들을 통해 서양의 학문, 교육, 종교, 그리고 여러 가지 신기한 물건들을 접할 수 있었어요.

처음에는 실학자들이 서학에 관심을 두었어요. 서양의 앞선 문명을 받아들여 조선을 강한 나라로 만들고 싶었던 거예요. 그러다가 차츰 양반 자제들이나 지식인들 사이에서도 서학이 유행하기 시작했어요.

🌸 천주교는 언제 전해졌을까?

천주교가 알려진 것은 광해군 때예요. 명나라에 사신으로 갔던 이수광과 유몽인이 이탈리아 선교사 마테오 리치가 쓴 〈천주실의〉를 가져왔는데, 이것을 읽은 몇몇 학자들이 천주교에 흥미를 느끼고 서학으로 받아들였어요.

천주교는 서서히 민간으로 퍼져 나갔어요. 정조 때에 이르러서는 신앙으로 믿는 사람들이 생겼지요. 그 이후 1784년, 이승훈이 베이징에 갔다가 프랑스 신부에게 세례를 받았어요. 그러고는 서적, 십자가, 성화 등을 얻어 와 여럿이 모여 예배를 드리기 시작한 게 우리나라 천주교회의 시작이에요.

천주교 최초의 순교자인 김범우의 집터에 세운 교회야.

▲ 우리나라 최초의 대성당인 명동 성당

고인의 생전 업적을 기억합시다.

아멘~

🌸 왜 천주교도를 박해했을까?

처음에는 나라에서 천주교를 문제 삼지 않았어요. 그런데 곳곳에서 은밀히 모여 예배를 드리는 등 점점 천주교를 믿는 사람들이 많아지자 조정에서는 위기를 느꼈어요. 근본도 알 수 없는 서양 신을 믿는 천주교가 '잡귀'로 보인 거예요.
그때부터 나라에서는 천주교도를 탄압하기 시작했어요. 하지만 천주교 지도자들을 체포하고 보면 대부분 양반 자제여서, 예배 장소를 제공한 사람만 처벌하곤 했지요.

그런데 또 다른 문제가 생겼어요. 천주교에서는 조상의 제사를 지내지 못하게 했거든요. 유교를 근본으로 삼은 조선에서 제사를 지내지 않는다는 것은 상상도 못 할 일이었지요.
결국 천주교도는 신분에 관계없이 박해를 받았고, 수많은 종교 지도자가 죽임을 당했지요. 하지만 종교의 자유를 완전히 막을 수는 없었답니다.

천주교 박해가 아주 심했던 곳이야. 아직도 그 흔적이 남아 있대.

▲ 해미 읍성

조선 시대 사람들이 지금의 인터넷 뉴스를 보게 되면 아마 놀라서 기절할 거야.

한국사 돋보기 　조선 시대에도 신문이 있었다고?

옛날 사람들은 새로운 소식을 어떻게 들었을까요? 조선 시대에는 〈조보〉라는 것이 있었어요. 나라에서 새 소식을 발표하면 그것을 종이에 베껴 썼지요. 일일이 손으로 썼기 때문에 높은 관리들만 볼 수 있었대요.
중종 때에는 〈조보〉를 상인들에게도 돌렸으며, 선조 때에는 구독료를 받기도 했대요. 그런데 선조는 〈조보〉의 내용이 일반 백성들에게 알려지면 나라의 비밀이 새어 나갈까 봐 발간을 금지했어요. 〈조보〉는 훗날 갑오개혁 때 〈관보〉라는 이름으로 다시 만들어졌어요.

새로운 농사법이 유행하다

조선 후기에 접어들면서 농사법에 큰 변화가 일어났어요. 이전 시대보다 발달된 농사법이 소개된 거예요. 모내기랑 골뿌림(줄뿌림)이 대표적이지요. 새로운 농사법으로 생산량이 크게 늘고 일손도 많이 줄일 수 있게 되었어요.

✽ 새로운 농사법은 어떤 것일까?

실용 학문이 널리 퍼지자, 사람들은 과학적인 사고를 시작했어요. 그리고 마침내 모내기와 골뿌림이라는 농사 기법을 개발해 냈답니다. 실제적으로 얼마나 도움이 되었는지 이야기를 들어 볼까요?

저수지가 늘어나면서 모내기가 개발됐어요. 모를 못자리에서 먼저 기른 후에 물을 댄 논으로 옮겨 심는 방법이에요. 이 방법으로 벼농사를 지으면 적은 힘으로 많은 양을 생산해 낼 수 있지요.

하지만 힘이 적게 드는 농사법이 누구에게나 좋은 건 아니더군요. 돈 있는 사람들이 더 많은 땅을 사들여 농사를 지을 수 있게 되니까, 나처럼 가난한 농민이 농사지을 땅이 자꾸 줄어들어요.

밭농사에는 골뿌림 방법이 개발됐어요. 골뿌림은 땅을 갈아 두둑을 만들고 고랑에 씨를 뿌리는 거예요. 그러면 곡식이 찬바람을 덜 맞고, 가뭄 때는 수분을 쉽게 얻을 수 있어요.

게다가 골뿌림은 잡초를 쉽게 없앨 수 있어서 일손을 크게 줄일 수 있어요. 거름을 주면 그 효과도 좋지요. 모내기처럼 적은 힘으로 많은 양을 수확할 수 있답니다.

1830 ◀ 프랑스, 7월 혁명

천주교 조선 교구 설치 ▶ 1831

1832 ◀ 영국, 선거법 개정

헌종 즉위 ▶ 1834

김대건, 세례 받음 ▶ 1836

기해박해 ▶ 1839

절두산 순교 기념관

기해박해 때 목숨을 잃은 천주교도를 기념하기 위해 세운 기념관이에요. 서울특별시 마포구 합정동의 절두산 성지에 자리 잡고 있어요.

1840 ◀ 청·영국, 아편 전쟁 시작

▲ 아편 전쟁

김대건 신부, 귀국 ▶ 1845

김대건 신부, 순교 ▶ 1846

1848 ◀ 프랑스, 2월 혁명

철종 즉위 ▶ 1849

으아~ 목을 잘라 한강에 버려서 절두산이래.

1850 ◀ 청, 태평천국 운동

철종, 친정을 시작함 ▶ 1852

최제우, 천성산에 들어가 ▶ 1856
도를 닦음

1858 ◀ 무굴 제국 멸망

프랑스, 2월 혁명

프랑스 파리에서 노동자와 농민들이 선거권을 요구하며 일으킨 혁명이에요. 이 혁명으로 루이 필리프 왕은 영국으로 망명했고, 유럽에 자유주의 운동이 퍼지게 되었어요.

▲ 최제우

최제우, 동학 창시 ▶ **1860** ◀ 베이징 조약

1861 ◀ 미국, 남북 전쟁 시작

고종 즉위, 흥선 대원군 집권 ▶ 1863 ◀ 미국 링컨, 노예 해방 선언

경복궁 다시 짓기 시작함 ▶ 1865

병인박해, 병인양요 ▶ 1866

▲ 흥선 대원군

▲ 링컨 동상

7월 혁명으로 세워졌던 왕정이 무너진 거야.